我的生活习惯没问题！

［韩］李贤晶/著　［韩］千弼联/绘　千太阳/译

中国出版集团
现代出版社

作者寄语

“妈妈是怎么告诉你的？有没有说过食物要嚼烂后再咽下去呀？”

“妈妈是怎么告诉你的？有没有说过吃饭之后要刷牙呀？”

…………

小的时候，妈妈对我说这些话的时候，我总是从一开始就走神了，去想一些别的事情。

于是，妈妈说的话全都左耳朵进右耳朵出了。我一直希望那个瞬间能快点儿过去，希望自己能快点儿长大。

但是，等到某一天突然回过神来才发现，自己真的已经变成大人后，也开始像妈妈一样对自己的孩子说：“妈妈是怎么告诉你的？”我变成了一个跟妈妈说同样的话的妈妈。

坦率地说，我会对孩子说自己曾经最不爱听的话，就是因为我后悔了，后悔当时没有听妈妈的话。回过头去想一想，妈妈说的话很多都是对的，会对我有很大的帮助。

小朋友们是怎么样想的呢？虽然很清楚妈妈说的是对的，但还是很讨厌妈妈的唠叨，对不对？现在，知道所有好习惯魔法的 Coco 魔女来啦！让她来替妈妈们告诉大家应该怎样养成好的生活习惯吧！

虽然这本书里有可以实现梦想的方法，但是，请大家不要忘记，想要实现这些梦想，主要还得靠小朋友自己去实践。

好了，现在就让我们一起出发，去寻找能实现梦想的魔法习惯吧！

Coco 魔女　李贤晶

目录

第 1 章 改变未来的神奇习惯

第 2 章 成为优秀学生的神奇习惯

生活习惯真的很重要吗?

习惯是指经过长时间反复做同样的动作而养成的、固定不变的行为方式。人一旦形成某种习惯以后，行动会先于意识出现，是很难改变的。所以，根据所养成习惯的不同，外貌、性格、成绩，甚至职业都可能会变得不同。虽然有一些是我们认为不起眼的小习惯，但却造就了未来的“我”。

好习惯 VS 坏习惯

习惯分为好习惯和坏习惯，习惯不同，得到的结果也往往不同。坏习惯会阻碍我们去做自己想做的事情，而好习惯则会使我们梦想成真。养成什么样的习惯取决于小朋友们自己的选择。

虽然努力了，但是结果不好

好习惯就像是有益于身体的良药。最初养成习惯的过程，就像是可以预防疾病的疫苗一样，可能会有针刺般的疼痛感。所以，完全没必要担心“虽然努力了，但是没有好结果”，因为付出就会有收获。虽然养成好习惯一开始会很困难，但是一旦养成，便会终身受益。

想要养成好习惯

小朋友们，你想快乐地养成好习惯吗？那么就闭上眼睛想象一下改变后的自己，然后大声喊出来。比如说，如果想早点起床，那就大声地说“早起实在是太好了”。如此一来，我们的大脑听到这句话以后，会把困难的事情当成开心容易的事，于是就能很容易、很开心地养成好习惯了。

自己做准备的魔法｜生活计划表的魔法｜灵活运用时间的魔法｜整理整顿的魔法｜不再迷恋电视的魔法｜睡个好觉的魔法｜每天吃营养均衡早餐的魔法｜每天运动 15 分钟的魔法｜天才们都知道的音乐魔法｜干家务活的魔法｜自己挑选衣服的魔法｜不拖延的魔法｜写零花钱账簿的魔法｜制订体验学习计划的魔法

第 1 章

改变未来的神奇习惯

01 自己做准备的魔法

“现在都上三年级了，自己能做好一切准备了吧？”刚升入三年级一周左右时，妈妈认真地问正道。

“当然了。”

虽然回答得很干脆，但是一想到“自己做准备”，正道就觉得压力倍增，就像小时候刚开始学骑自行车的时候一样。

当时，正道相信了爸爸说会在后面扶着的约定，才鼓起勇气学习骑自行车。但是，骑了一会儿才发现，爸爸正站在前方冲他笑。

“啊！爸爸怎么会在那里？”

瞬间，原本骑得好好的自行车开始晃晃悠悠，哐当！正道一下子摔倒了。因为他看到爸爸后，心里产生了恐惧。但是，他没有放弃，跌倒几次后，就骑得非常好了，现在甚至可以参加自行车高手大赛了。

一想到这段学自行车的经历，正道不知不觉地产生了一股斗志。

笔筒
笔记本
语文教科书
通知单

“我连自行车都能学会，不就是自己准备上学的学习用品吗，小菜一碟！”

其实，正道已经自己准备过很多次学习用品了，虽然是在妈妈的帮助下，但从一年级开始到现在，至少也准备过500次了。所以，训练程度应该比学自行车时好很多了。正道一边念着“当然可以了”的咒语，一边走进了自己的房间。

打开书包，里面黑漆漆的一片，仿佛在说“有本事你就来把我装满”，摆出一副硬撑的模样。

“这简直就是小菜一碟，我一个人完全可以！”

就像和妈妈一起收拾书包时一样，他先确认了一下课程表，然后把需要的教科书装进了书包里。接下来，又对照了一下通知单，把需要准备的学习用品和作业都认真地放进了书包里！

“看，也没什么大不了的呀！”

结束了所有准备后，正道走出了房间，妈妈问他：“都准备好了？”

“当然了！”

明明非常仔细地准备好了，为什么心里还有些不踏实呢？那天晚上，正道起来好几次，不停地把书包打开又合上，确认自己是不是真的都准备好了，结果一晚上没睡好。

很多小朋友都能够自己准备上学需要的东西。大家可能会认为，自己准备又不是什么了不起的大事。

但是，如果能够坚持每天自己动手准备上学需要的东西，就会产生“准备性”，这种看上去不起眼的“准备性”会使小朋友养成好的生活习惯，从而提升成绩，帮助大家实现梦想。

思考百宝箱

如果在课堂上，只有你没带课本，其他小朋友在认真地看书中的内容，而你却呆呆地盯着空荡荡的书桌。那么，这对你来说，是有益还是有害呢？

魔法口诀

自己准备上学的东西

- 看日历，确认日期和星期。

  如果看错了日期或者星期，不管你准备得多么好，都变成了徒劳。因此，确认日期和星期是最基本的步骤。

- 确认课程表

  根据课程表，认真仔细地准备好上课需要的教科书、练习册、参考书、作业等。

- 确认通知单

  确认通知单时，可以用画圆圈的方式进行标注，一项一项准备作业和学习用品。这样一来，就可以认真地确认是否有遗漏。

- 把书包、准备物品、鞋袋放在固定的位置。

- 选出明天要穿的衣服，提前挂在衣架上。

一目了然的通知单

月	日	星期
科目	作业	准备物品
其他		

02 生活计划表的魔法

下课后刚走出教室，就听到英植一边叹气一边说：“我快要被辅导班折磨死了，学校里的作业再加上辅导班作业，每天都要做到很晚……”

听了英植的话，正道也赞同地点了点头。其实，对正道来说，三年级就像是一场海啸一样，让一切变得混乱不堪。每天早晨要独自一人整理书包只不过是任务之一，随着教科书数量的增多，要去的辅导班数量也随之增多。

不止如此，现在连游乐场里的朋友们也都不见了。读二年级的时候，放学后大家还能一起在游乐场里玩棒球，回到家里还可以一起玩游戏。但是现在，大家放学后全都去了辅导班，想一起玩还要根据辅导班的课程时间表来调整时间。

正好英植说他今天有时间，正道也不用去辅导班上课，所以两个人约好把书包放回家里后，就一起去游乐场打棒球。正道觉得回家的脚步已经好久没有这么轻松过了。

“妈妈，我去外面玩一会儿啊！”

“作业写完了吗？准备物品都收拾好了？”

妈妈的唠叨又像机关枪一样嗒嗒发射过来。

“我就去玩一会儿，很快就回来，好不好？”

“不行！赶紧做作业，然后再去玩！”

正道什么都没说，闷闷不乐地走进了自己的房间。运动场上朋友们玩闹的声音一直在他耳边回响，他呆呆地盯着一道数学问题看了一个小时。

突然，正道开始止不住地流眼泪。就在这时，妈妈拿着一张“一周生活计划表”走了进来。

Coco魔女小总结

随着年级的升高，要做的事情也越来越多。在学校里待的时间比以往长了，作业也多了，要去的辅导班更是越来越多。

于是，与朋友们一起玩的时间越来越少，读自己喜欢的书或者玩游戏的时间也越来越不够用了。但是，总不能一直听妈妈唠叨吧？

能够解决这个问题的就是“生活计划表”。

一旦制订了生活计划表，就不会遗漏自己每天要做的重要的事情。这样既不用听妈妈的唠叨，又能确保尽情玩耍的时间。

现在，就让我们一起来制订一个生活计划表吧！

魔法口诀

制订生活计划表

1 固定时间起床，固定时间睡觉

每天起床和睡觉的时间要保持一定的规律性，有了充足的睡眠，第二天才能精神愉悦。

2 准确了解学校、辅导班的课程时间表，然后制订计划

制订计划表时，要与父母商量，确保学校课程和辅导班课程不会发生冲突。

3 计划表中不要忘记浮动时间

制订计划表时要把移动时间和休息时间包含在内，留出充足的浮动时间。

4 不要制订无法实践的勉强计划

能够实践的计划要比勉强的计划更有价值，无法实践的生活计划表是没有任何意义的。

5 制订多样的计划表

考试期间或假期无法履行平时的计划表时，可以制订这些时期可以履行的特别计划表。

正道的生活计划表

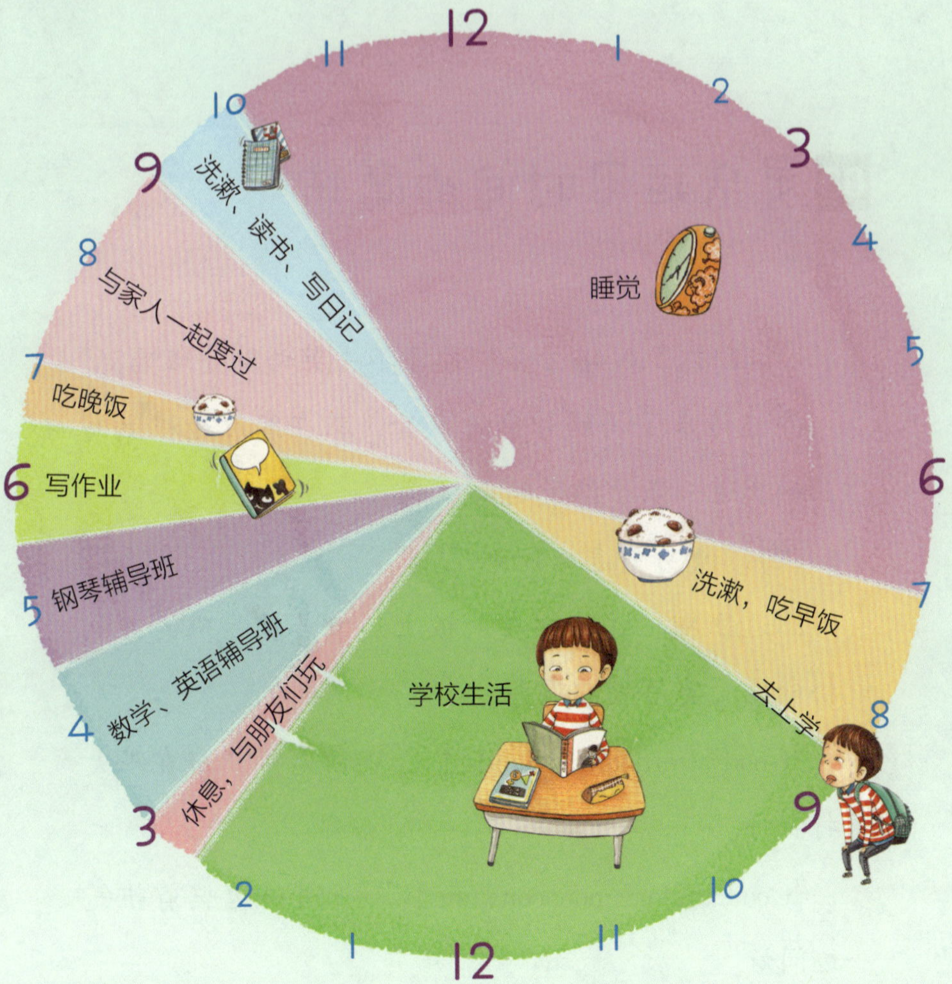
12
1
2
3
4
5
6
7
8
9
10
11
12
1
2
3
4
5
6
7
8
9
10
11
睡觉
洗漱，吃早饭
去上学
学校生活
休息，与朋友们玩
数学、英语辅导班
钢琴辅导班
写作业
吃晚饭
与家人一起度过
洗漱、读书、写日记

03 灵活运用时间的魔法

“正道呀,3 点 48 分了！你还不去英语辅导班吗？”

耳边传来了妈妈着急的声音，趴在客厅地板上写作业的正道一下子站了起来。

“啊，11 分钟怎么能到呢？”

正道立即把作业扔在地板上，拿着辅导班的书包就拼命地向英语教室跑去。

“Good afternoon，friends！”英语老师正好在跟大家打招呼。

“Good…after…nooooon，sir！”正道一边喘着粗气一边问好。

因为一路跑到学校，现在正道脑海中已经一片

空白，根本就听不清英语老师在说什么。

“到底为什么会这么忙呢？”

上完英语辅导课回家的路上，正道一边叹气一边思考。看来是把计划表制订得太紧凑了。因为学校作业量太大了，有时候需要花费很长的时间才能写完。

但是，回到家里后，正道又遇到了另一个问题。

“是继续写没写完的作业呢，还是按照计划表洗漱一下吃晚饭呢？”

就在正道陷入苦恼中时，听到了妈妈的喊声：“赶紧去洗漱一下出来吃饭。”

正道觉得此时应该听妈妈的话，而且计划表上也是这样写的，洗漱后去吃饭是理所应当的！接下来的日程是边看电视边休息。正道心想，绝对不能放弃自己最喜欢的节目，因为这可是制订计划表时他特意做了精细的时间计算后再加进去的。

看完了电视，就到了写英语辅导班作业的时间。这样按照计划表做下来，不知不觉就该睡觉了。结果，学校作业就被原封不动地放进了书包里。

第二天，因为没写作业，正道被老师要求站在教室最后面罚站。

“唉，明明是按照生活计划表去做的，却没有一件事是顺利的，反而变得更忙了！”

Coco魔女 小总结

正道没有写作业的原因真的是因为要严格执行生活计划表而导致的吗？说不定是因为制订生活计划表时没有进行充分的思考。例如，如果能够把去辅导班之前没有写完作业的情况考虑在内，就不会只知道埋怨妈妈，也不会站在教室后面罚站了。

我们一起看一看下面这张图，大家发现其中的问题了吗？

是的，正道觉得时间紧不够用的第一个原因就是他没能集中注意力去做应该立即做的事情。

但是，当作业真的很多，没办法在确定好的时间内完成时，应该怎么做呢？遇到这种两难的情况时，可以像下面这样问一下自己。

哪一件事情更重要呢？

如果不做这件事情，会有什么后果呢？

如果正道能够这样问一问自己，还会无视没写完的作业去看电视吗？

又或者换一种假设，如果真的是因为正道的时间表制订得太紧凑了，那么可以尝试一下储存时间的方法。例如，原本计划用 1 个小时写完的作业，集中精力只用了 30 分钟就写完的话，剩下的 30 分钟就可以用来做接下来要做的事情。这样就相当于把看不见的 30 分钟储存起来了，也就有了富余的时间。

魔法口诀

把一天变成48小时

日程和日程之间留出浮动时间

如果能够在所有日程中间都留出5分钟以上的浮动时间，那么在发生意想不到的事情时，就能尽快纠正相关日程了。

确定好先后顺序进行调整

因为作业太多，无法在确定好的时间内完成，或者因为要帮妈妈跑腿而导致计划表出现问题时，可以通过下面这样的问题来确定先后顺序。

①哪一件事情更重要呢？

②如果不做这件事情，会有什么后果呢？

储存时间

在按照计划表进行实践的过程中，会遇到辅导班或作业要比制订好的时间更早一些结束的情况。发生这种状况时，可以把剩余的时间用来做接下来的事情，或者做明天要做的事情。这样下来，就可以储存一定的时间了。

04 整理整顿的魔法

“妈妈，钢琴课本在哪里？”

“你看看钢琴椅子里面。”

“妈妈，颜料呢？”

“打开书桌中间的抽屉看一看。”

钢琴课本真的在钢琴椅子里，颜料也安静地躺在书桌中间的抽屉里。妈妈太了不起了，一点儿都不会出错。正道很好奇妈妈是怎么做到的。

正道连自己刚刚用过的剪刀放在哪里都会忘记，经常要问妈妈。但是，妈妈好像知道所有的东西在哪里，准确率高达99%。正道一边把钢琴课本和颜料放进书包，一边问妈妈。

“您怎么知道东西在哪里呢？”

颜料

“因为我是妈妈。”

妈妈骄傲地耸了耸肩。旁边的姥姥闭上眼睛笑着说：“正道呀，没什么神奇的。只要掌握了整理整顿的魔法就能做到。”

“什么是整理整顿的魔法？”

姥姥笑了笑，就像在说什么秘密一样悄声地对正道说：“全都回归原位！”

“全都回归原位？”

正道想了想，发现妈妈会把物品都放在经常使用的地方，而且用完后会放回原位。所以，没有必要一一记住每个物品放在哪里，只要确认经常放置的位置就可以了。

“我也要跟着学！”

“但是有一点需要注意。”

“什么？”

“每次整理物品时要对自己说‘全都回归原位’。否则就会随便乱放，魔法也会消失。”

正道使劲儿点了点头。

“也就是说用完东西后要一边说‘全都回归原位’一边放回原位是吗？这么简单！我肯定能做好！”

Coco魔女小总结

如果只从记忆力来看，大家的记忆力肯定要比妈妈好很多。可是，为什么大家总是喊妈妈帮自己找东西呢？那是因为妈妈懂得凭借生活经验对物品进行有效整理。

有很多小朋友并不知道整理整顿的威力。因此，他们用过物品后会随处乱放，或者直接把整理的工作交给了妈妈，所以在寻找物品时就必须有妈妈的帮助。

如果我们记住每个物品的准确位置，就不会因为寻找物品而浪费时间了。而且，妈妈的唠叨也会逐渐消失。

整理原则

第一，用过后立即整理。

第二，放在指定的位置整理。

魔法口诀

全都回归原位

整理书桌的秘诀

1. 根据不同科目，按照教科书、参考书、练习册、笔记本的顺序整理，有助于轻松找到。

2. 把书写工具和笔记本等放在书桌上，便于使用。

3. 书桌抽屉上贴上对应物品的标签，方便知道里面装了什么。

4. 把正在读的书放在触手可及的地方，方便利用零碎时间阅读。

5. 把垃圾桶放在近处，方便在书桌前学习时随手扔掉垃圾，保持桌面整洁。另外，不要把漫画书和玩具等放在书桌上。

整理书架的秘诀

1 按 ABC 顺序或者领域确定为整理标准后，制定标准表贴在书柜旁边。

2 把不常看的书放在箱子里，并且要记录下箱子里到底装着什么书。

3 把书评贴在书架旁边的透明夹子里保管。

4 多读一些不同领域的书，编写书评时贴上不同颜色的贴纸。

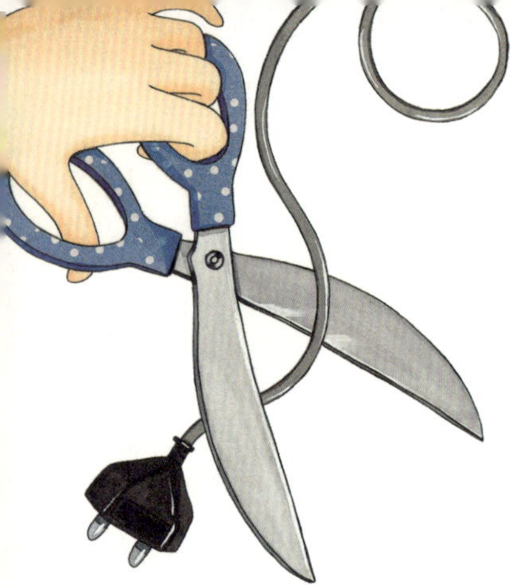

05 不再迷恋电视的魔法

正道正在高兴地看电视，突然伴随着“砰”的一声，电视屏幕一下子变黑了。

“咦，为什么会这样？啊，妈妈！要是不看这个电视剧，我就会跟朋友们失去共同语言，老师上课时也会用这个电视剧的内容举例呀！”正道激动地大喊起来。

妈妈听说上课时要用电视剧的内容举例时暂时动摇了一下，不过很快就果断地说：“没用，你整天忙着看电视，对妈妈的话也爱搭不理。除了晚饭时间，我们一天能对话的时间有多少？以后吃饭时间禁止看电视。”

正道很想哭，但是，他紧紧地咬住下嘴唇忍住了。因为，他想起了10点会播放妈妈喜欢的电视剧，到那时妈妈就会打开电视，自己就可以反击了。

“看！妈妈也沉迷于电视剧,根本就不听我说话！”

果然快到10点时，妈妈就开始坐立不安。但是，妈妈并没有拿起遥控器,而是拿起了剪刀。咔嚓、咔嚓、咔嚓！妈妈把电视机的电源插头剪断了。

正道拼命扯着嗓子大喊起来：“不要！”

“必须拔掉诱惑的根源才行。虽然有些可惜，但是为了你的未来，我不得不这样做。”

客厅顿时变得一片寂静，电视机黑黑的屏幕上映照出了正道和妈妈的脸庞。

不要！

妈妈为什么要剪断电视机的插头呢？就像为了儿子的教育搬了三次家的“孟母三迁”的故事一样，妈妈为了小朋友们的未来愿意做出一些牺牲和改变。

其实，正道的生活计划表中写着平时每天1小时、周末2小时的看电视时间。但是，正道吃饭时也会开着电视，写作业时甚至也开着电视，有时候还会看着看着电视就睡着了。

如果一边看电视一边做其他的事，注意力就会下降，最终什么事也做不成。而且，家人之间的对话也会消失，彼此之间可能会越来越疏远。

孟母三迁　孟子的母亲为了帮孟子选择良好的教育环境，从墓地附近搬到市场附近，又搬到书塾附近。

魔法口诀

摆脱电视或者游戏

我是电子产品上瘾吗?

1. 把各种电子产品每周的使用时间记录下来，然后计算每种产品每天的平均使用时间。
2. 连续7天不再使用原本使用频率最高的电子产品，并把自己的状态详细记录下来。
3. 如果出现胸闷、不安的症状，或者感到不看电子产品生活就变得极为不便，已经上瘾的可能性就非常大了。

摆脱电子产品上瘾

1. 把电视机和电脑放在客厅里，可以根据需要临时放在卧室里，但要对使用时间进行限制。
2. 与家人一起商量使用时间，根据确定的时间使用，不能延时。例如，电视机1个小时，游戏40分钟左右。
3. 吃饭时间关掉电视，可以把注意力集中在与家人对话和吃饭上。
4. 找一些可以在空闲时间做的自己真正感兴趣的事。

06 睡个好觉的魔法

“起床了，要迟到了！”

妈妈抓着正道的肩膀，使劲儿摇晃。越是这样，正道越不想起床，裹紧了被子，并把脸藏在被子里。

“再让我睡 5 分钟！就 5 分钟！”

暂时迎来了宁静的时间，妈妈走出了房间。

“好吧！”

5 分钟的宁静后，房门又被打开了。被子外明亮的世界展现在眼前，紧接着，正道就感到有凉凉的水喷到了脸上。

妈妈一边给正道递毛巾一边说："醒过来了吧？我不是说了吗，让你早点儿睡觉？"

正道气得噘起了嘴巴。

"太委屈了！怎么可能早点儿睡觉？你看看我的生活计划表！又要去辅导班，又要写作业，我还有时间玩吗？如果要通过看漫画书、组装模型缓解压力，就不得不缩减睡觉的时间了！"

噼里啪啦！正道忍不住一顿反驳。说完后心里非常爽快，妈妈静静地听着，然后看了看正道的生活计划表。

"知道了，但是，生活计划表是你自己制订的。"

"虽然是我制订的，但学校和辅导班是确定的呀，作业和学习时间呢！"

听了妈妈的反驳，正道也毫不示弱。

"所以我不是教给你储存时间的方法了吗？"

"您以为像说的那么简单吗？"

"肯定不简单，但是，只要你一点点节约时间，不用缩减睡觉时间也可以有时间看漫画书或者组装模型的。"

听了妈妈的话，正道无言以对。因为如果让他看漫画书或者组装模型，可能一整天的时间都不够。正道拿起毛巾，有气无力地走进了洗手间。

“唉，真不想去学校。怎么这么快又到了上学的时间了！”

Coco魔女 小总结

小朋友们要知道，大脑在我们睡觉时工作得更勤劳。就像上课时间是确定的一样，晚上 10 点后，大脑就会为了做人睡觉时才能做的工作而发出“哈欠”这样的信号。

如果整日忙碌的大脑给小朋友们发送睡眠信号，大家就应该尽快做好睡觉准备，并且努力睡个好觉。于是，在睡着的瞬间，大脑就会发生神秘的魔法。

首先，大脑会把白天收集的信息分类，把常用的信息放在近处的抽屉里，把不常用的信息放在远处的抽屉里。

其次，小朋友们在睡觉期间还会分泌出长个子的生长激素，让大家长高；消耗脂肪，让身体变瘦；有时候也会把剩余的营养堆积在皮肤下面，让身体长胖。

此外，生病时，好好睡一觉就会觉得好很多，这也是睡觉的魔法。

魔法口诀

养成规律的睡眠习惯

最晚也要在 10 点上床睡觉

★

睡觉的全部准备要在 10 点之前完成。如果睡不着，可以喝一杯热牛奶，并且最好在 9 点 30 分之前写完日记。

睡 9 个小时

★

虽然建议每天的平均睡眠时间是 9 个小时，但是也会根据每个人的日常活动的不同而调整。睡眠质量比睡眠时间更重要。

打开窗帘睡觉

★

如果会睡懒觉，就试着打开窗帘睡觉。早晨阳光照进房间后，就可以带着好心情起床啦！

07 每天吃营养均衡早餐的魔法

“啊，是豆子！”

正道看着饭桌深深地叹了一口气。在他看来，黄色的豆子就像宇宙怪物的眼珠一样在白色的米饭里瞪着自己。

不管怎么看，正道都对这次的饭菜感到没有食欲。不仅米饭里掺杂着黄豆，还有豆芽、萝卜菜、垂盆草！正道不开心地用筷子扒拉着米饭。

“为什么不煎一些我喜欢的火腿呢？”

前不久，正道去医院做了体脂检查。之前就大喊着要让正道均衡摄取营养的妈妈，看到医院寄来的检查结果后，立即把冰箱里的肉类全都清理了。

而且，正道平时摄取盐分过多，妈妈说以后做饭

午餐肉

要清淡一些，所以饭菜和汤全都清淡无比。

“早晨能不能只吃面包呀？”

虽然正道小心翼翼地说了自己的想法，但是毫无用处。

“这都是为你好。”

“妈妈，虽然要重视健康，但是也不能忽视吃的乐趣吧？”

“与其吃完了哭，不如减少吃的乐趣，笑口常开吧！”

听妈妈说为自己好，正道无话可说了，只能不情愿地把满是豆子的米饭塞进嘴里，然后使劲儿嚼起来。

“啊，真是太难吃了！”

正道满脑子都是各种各样的肉和火腿！

“妈妈，你偶尔也会给我做好吃的吧？”

妈妈一脸心疼地看了看正道。正道一边流着眼泪一边吃着带豆子的米饭。真不知道有谁吃过被泪水浸透的米饭？

Coco魔女小总结

忙碌的早晨，好不容易起床的正道没有什么胃口。如果因为没睡醒而没有胃口，可以吃一个小面包。

细心观察一下包含面包和牛奶的早餐，以及刚才正道吃的早餐的营养成分，就会震惊不已。

虽然摄取了差不多的热量，其中的营养成分的差异却非常大。吃面包主要是吸收了碳水化合物，而正道吃的正餐不仅含有碳水化合物，还有维生素、钙、DHA 等，可以说是一顿含有丰富纤维的健康饮食。

怎么样，小朋友们，两种早餐的差异是不是很明

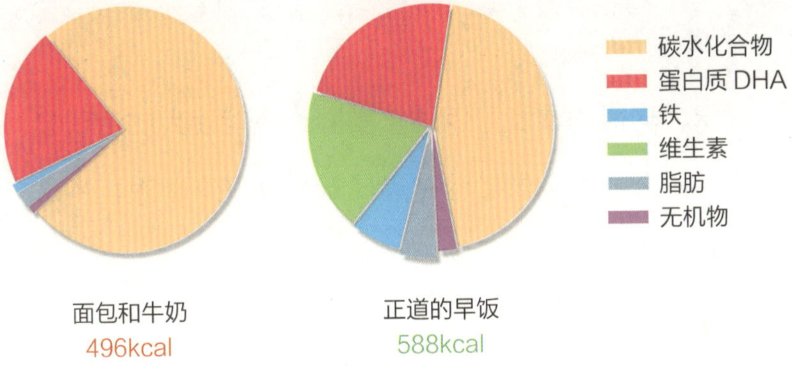

显？众多科学家对早餐的研究结果显示，吃过早饭两个小时后大脑最活跃，可以接收大量的信息。

因此，在同一个教室里跟着同一个老师学习的学生中，吃了营养均衡的早餐的学生，与马马虎虎吃了早餐或者干脆没吃早餐的学生，就会因为营养的差异而出现上课效果的差异。

上课时总是想靠在书桌上，或者胡思乱想，并不是因为头脑不聪明或者昨晚没睡好，可能是因为“马马虎虎吃了早餐”。

思考百宝箱

规律、均衡的饮食可以防止变胖，还能让大脑活跃起来。那么，你会做出什么选择？是好好吃早饭，还是马马虎虎吃，或者干脆不吃呢？

魔法口诀

健康美味地吃饭

☑ 一日三餐规律进食，其中，早餐一定要吃。

因为早餐与一天中大脑的活动直接相关，所以一定要吃，而且要在规律的时间内均衡摄取营养。

☑ 在 7 点之前吃晚饭，之后不吃零食

尽可能地在 6—7 点之间吃晚饭比较好。按照睡觉时间是 10 点来看，晚餐后要活动 3—4 个小时再睡觉。

☑ 充分摄取蔬菜和水果

每天摄取蔬菜和水果，不仅可以预防便秘，丰富的矿物质和无机物也会让身体的新陈代谢更活跃，促进能量消耗。

☑ 食物种类丰富

为了摄取均衡的营养，每次餐食最好包含更多的食物种类，如谷薯类、蔬菜水果类、动物性食物、豆类、热量类食物等。

08 每天运动15分钟的魔法

“正道呀，你从今天开始要走着去学校了。”

“什么？为什么？”正道惊慌地问。

从家走到学校需要30分钟左右，他以为妈妈会一直开车送他，突然收到要走着去上学的命令，他感到非常郁闷。

“你知道爸爸被派到分公司去了吧？那里交通不是很方便，所以爸爸要开车去上班。”

啊！家里没有车了！正道不开心地噘起了嘴。

“那么，妈妈给我打车费吧。”

听了这句话，妈妈好像有些生气。

“之前一直开车送你上学是因为你年纪小。但是，现在你的年纪已经完全可以自己上学了。小孩子自己乘坐出租车是非常危险的！你现在出门走着完全可以按时到学校。赶紧准备去上学吧！”

听了妈妈坚决的语气，正道收回伸出去的手，默默地走出了家门。但是，他坐着电梯走出公寓的瞬间就开始大喘气了，后背很快就被汗水湿透了。

不知道为什么，正道觉得今天的书包尤其重，两个肩膀好像要被压垮了一样。就在这时，一辆出租车从眼前驶过，正道摸了摸口袋里的 100 元钱。

“要不要坐出租车？哎呀，再攒点儿钱就可以买到新出的模型了，怎么办呢？”

一想到喜欢了好久的模型，正道紧紧地握住了钱。他好不容易走到了公交车站，但是总觉得书包要掉到地上了一样，最终还是举起了手，大喊起来。

“出租车，出租车！”

正道觉得好像四周的人都在看着他，于是故意装成一瘸一拐。

“我的腿受伤了。”

并没有人问他，正道对公交车站等车的人们说了这么一句话后就坐上了出租车。虽然如愿打上了车，但正道心里也一直不舒服。

“妈妈说了不要一个人坐出租车……啊，明天怎么办？后天呢？”

AB

前不久一个电视节目中播放了一个研究结果，让高中生早晨做运动后，他们的成绩有所提升。

这是因为，运动可以让血液得到充足的氧气供给，大脑也得到足够的氧气，从而分泌出大量让脑细胞变聪明的“多巴胺”。

都说多用手会变聪明，是因为大脑在移动身体的各个器官的过程中，会变成综合思考、判断、处理多种信息的统帅。因此，即使大脑收到的信息相同，运动过的人的大脑也能更快、更好地做出反应。

都是学习了 30 分钟，多运动、有强大肺活量的孩子的大脑会更勤奋，从而可以更快速地理解、解决、记忆问题。

好了，现在就让我们开始做运动吧！

魔法口诀

变聪明的 15 分钟运动

准备运动

★

做运动之前一定要做简单的准备运动，防止受伤。

佩戴安全装备

★

玩滑轮或者骑自行车时，一定要佩戴安全装备。

利用上学和放学的时间

★

可以做跑步、快走、骑自行车、爬楼梯等全身运动。

向教练学习

★

选择游泳、跆拳道、足球、篮球等想做的运动，要向教练学习，坚持运动。

拉伸运动

★

运动后做简单的拉伸运动或按摩，充分放松肌肉。

09 天才们都知道的音乐魔法

“妈妈，我不想去上钢琴辅导班。”

虽然之前已经说过很多次了，但今天正道用更坚决的语气又说了一遍，甚至把钢琴辅导班的书包扔在了沙发上。

“又是为什么？”妈妈问。

“我可能在钢琴方面没有天分，不管怎么努力也没有长进，拜厄结束得也比其他朋友晚，一想到要被迫学习车尔尼，好烦呀。”

“看来你学得真的很辛苦。”

听到妈妈温柔的声音，正道一下子委屈地哭起来。

男儿有泪不轻弹……妈妈一边拍着正道的后背一

边温柔地说：“好，既然你这么讨厌钢琴，怎么能强迫你去学呢？不要再去钢琴辅导班了。”

一想到妈妈好像理解自己了，正道突然有些感动。原本对妈妈还有些埋怨，现在好像都释然了。

几天后，妈妈拿来了一个奇怪的东西。

“正道呀，从明天开始妈妈要去学陶笛，你要不要一起去？”

正道摇了摇头。虽然陶笛看起来没有钢琴那么难，但是也不像很快就能学会的，他现在还不想学什么乐器。

但是，妈妈学陶笛时看起来很开心。才过了没几天，妈妈就能吹出声音，并且可以演奏简单的曲子了。正道也产生了想要学习陶笛的想法，因为他觉得才艺表演时演奏陶笛很神气。

“妈妈，你能教我吹陶笛吗？”

“当然了！要跟我一起去学吗？”

于是，正道开始跟妈妈一起学陶笛。暑假结束时，正道应该可以帅气地演奏陶笛了吧？

必须要会弹钢琴吗？当然不是。如果不喜欢钢琴，也可以学习陶笛等简单的乐器。

学习乐器可以多用手，有助于左右脑的发育。而且，学习乐器可以培养集中力。

世界级天才科学家爱因斯坦

每当爱因斯坦遇到难题时，都会演奏小提琴。演奏小提琴时，注意力会得到提升，在注意力最集中的瞬间可以解开很多难题。据说，著名的相对论就是他在演奏小提琴时完成的。

一生都在分享的阿尔贝特·施韦泽

离开故乡在非洲生活，每天都被蚊子叮咬时，遭遇大大小小的事故时，解答各种各样的难题时，阿尔贝特·施韦泽都会通过演奏风琴寻求内心的安定。

演奏乐器可以提升注意力，得到情绪上的安定，而且可以打开心扉。因此，我们熟悉的很多伟人都喜欢享受“音乐”。

并不是说学习钢琴、吉他、陶笛等简单乐器就一定要成为音乐家。演奏乐器不仅可以感到愉悦，还能在精神上抚慰内心，学习与他人相处、交流的方法。

说不定 10 年后，正道会笑着说“对，幸好当时学习了陶笛”，并为自己当时拿起陶笛的瞬间而欣慰。

魔法口诀

与音乐亲近

1. 听不同国家的多样风格的音乐。
2. 每天坚持欣赏音乐 10 分钟以上。
3. 听音乐时，一边想一想乐曲中使用的乐器，一边欣赏。
4. 记住音乐的名字、演奏者、作曲家等，一边积累音乐常识，一边提升对音乐的关注度。
5. 写音乐鉴赏笔记，记录下简单的信息和感觉等，慢慢地将会变成有深度的音乐鉴赏。
6. 学习陶笛、箫等简单的乐器。
7. 如果觉得学习乐器有困难，也可以学习唱歌。

燃气
XXX-XXXX
电
炸鸡
清洁剂

10 干家务活的魔法

正道真的希望周末可以什么都不做，只是吃喝玩乐。他前几天刚参加了考试，精神极度紧张，所以现在感到身心疲惫。但是，妈妈却说周末要大扫除。

“家里有些潮湿，而且该打扫一下家里积累的灰尘了。我去整理衣橱，你处理一下玻璃窗和窗框。正道去打扫一下鞋柜吧？”

妈妈一边和爸爸说话，一边把抹布递给正道。正道深深地叹了口气，脸上是“死都不想做”的表情。

“其他同学在考试结束后都会和爸爸妈妈一起去吃

好吃的，我这算什么呀？不仅睡不够觉，还要打扫脏兮兮的鞋柜。”

但是，看到鞋柜的瞬间，正道一下子震惊了。真的是一团糟！虽然妈妈经常整理鞋柜，但由于经常下雨，鞋柜里到处都是泥巴。

正道更加心气不顺，把鞋子一双双往外拿。他发现，妈妈的鞋子都非常旧了，自己的鞋子却全都像新的一样。因为，妈妈每周都会帮自己刷运动鞋，所以鞋子白白净净。但是，妈妈的运动鞋却黑黑的。

正道觉得很对不起妈妈，刚才不应该与其他同学的妈妈作比较。他赶紧把鞋柜擦得干干净净，并且把鞋子摆得整整齐齐。

“鞋柜打扫得真干净，苍蝇要是走在上面都要滑倒了。”

妈妈和爸爸看到干干净净的鞋柜后非常欣慰。

“那么，大扫除结束了。正道上周为了考试辛苦了，我们一起去吃肉吧？”

正道一边高兴地大喊着“哇”，一边去换衣服。

日本教育家阴山英男曾说过，帮助家长干家务活的孩子，要比不干家务活的孩子家庭关系处理得更好，学习成绩也更优秀。

为什么要让孩子干家务活呢？并不是因为没人干那些事，而是因为是一家人。

家人就是血缘、亲情，在同一个屋檐下生活，同甘共苦的人。

对家人的深刻情谊，将会在家人遇到危机时产生战胜危机的力量，会让大家为了更美好的未来一起奋斗。此外，参与到家庭生活的方方面面也可以成为将来会在社会中遇到的各种人际关系、共同生活的演练。

好了，让我们一起来施展干家务活的魔法吧！

魔法口诀

从简单的家务活开始干起

1 帮助妈妈做料理，准备饭菜

成为忙着准备饭菜的妈妈的小帮手。可以帮助妈妈收拾土豆、胡萝卜等食材，也可以帮助妈妈摆饭桌。

2 晾衣服，叠衣服

帮助妈妈晾衣服和叠衣服。成为和妈妈聊天的伙伴，一边干活一边讲述当天发生的事情，分享自己的故事。

3 用完的物品放回原位

虽然这是基础中的基础，但是却因为是做得不太好的部分而被妈妈唠叨。“物品放回原位”既可以避免听妈妈的唠叨又可以养成自己整理的习惯，可谓一举两得。

4 用吸尘器打扫卫生

一周至少用吸尘器打扫一次卫生，学会感谢妈妈的辛苦。

制作爱的奖券

爱的奖券

跑腿，
急速完成。

爱的奖券

按摩仪闪开！
我的巧手来了。

爱的奖券

洗碗，
干干净净！

爱的奖券

把皮鞋擦得光滑锃亮，
让苍蝇都滑倒。

LOVE

11 自己挑选衣服的魔法

每天早晨，妈妈都会把正道上学要穿的衣服和爸爸上班要穿的衣服等准备好，放在床头柜上面，但是今天却没有。爸爸和正道一脸茫然地你看看我、我看看你。

“妈妈，衣服！妈妈，袜子！”

“老婆，衣服！老婆，袜子！”

妈妈已经做好上班准备，正坐着喝咖啡呢。

“从今天开始，自己的东西自己准备。”

妈妈喝完咖啡后，就出门上班了。

正道抬头看了看爸爸。

“爸爸，衣服和袜子在哪里呀？”

爸爸在衣柜和抽屉里翻来翻去。

“对呀，那些东西都在哪里呢？”

爸爸又穿上前一天的袜子和衬衫去上班了。正道虽然从衣柜里找到了一些袜子和衣服，却不知道到底应该穿什么。他站在镜子面前换来换去，不一会儿床上就堆满了衣服。

真的要挑选衣服时，才发现要考虑的事情不止一两件。衬衫和裤子的颜色是否搭配？袜子是不是可以随便穿？虽然换了很多套，正道还是觉得很奇怪。眼看时间来不及了，正道只能穿着并不是很满意的衣服去上学。

亲自挑选了衣服才知道，这件事真不简单。正道突然对妈妈感到抱歉。

“你今天穿的衣服怎么这样？颜色不搭配呀！”

“同学们说我穿得很土气！说妈妈是我的黑粉！”

现在想一想，才发现妈妈准备衣服多么辛苦。正道真不知道自己以前怎么能对妈妈抱怨那么多。

亲自挑选衣服时，小朋友们会想到什么呢？

- 今天的天气怎么样？
- 有体育课吗？
- 我的屁股很大，所以不能穿凸显屁股的衣服！
- 如果要看起来瘦一些，最好穿竖条纹，不要穿横条纹。
- 这件衣服比起搭蓝色运动鞋，更适合搭白色运动鞋。

虽然挑选衣服看起来没什么大不了，但却要考虑很多。为了解决这些问题，正道需要考虑很多方面才能做出判断。

像这样每天都会经过挑选衣服的思考过程的孩子的大脑，与没有经过这个过程的孩子的大脑在解决问题的能力方面会有很大的差异。

如果可以自己整理衣柜，就能根据自己的方式对要洗的衣服进行分类，还能学到整理的方法，自然而然地就能理解数学的分类概念了。

此外，亲自动手清洗内衣和刷运动鞋时，还可以体会到妈妈为了做这些琐碎的事情的辛劳。

而且，如果给自己准备衣服，就可以在购买衣服时说出自己的意见。不能只知道选好看的衣服，也要挑选便于收纳、穿脱方便、每个季节缺少的衣服等，由此便可以顺带养成良好的消费习惯。

魔法口诀

自己挑选衣服

根据季节和天气挑选

观看天气预报，挑选适合季节和天气的衣服。比起好看，要把重点放在衣服的保护功能上。

根据上课的特性挑选

体育课要挑选便于活动的衣服，美术课衣服很容易被弄脏，所以要避免穿着白色的衣服，也要单独准备套袖和围裙等。

根据自己的体形挑选

了解自己的体形、脸型、肤色，挑选可以遮挡自己身体缺点的衣服。

挑选可以搭配在一起的衣服

让衣服的形态和颜色可以相互搭配。如果能够提前根据情景挑选整理合适的衣服，要穿的时候就会更方便。

12 不拖延的魔法

“你写日记了吗？”

“我过一会儿就写。”

正道说完抬起了头，突然感觉到了妈妈火辣辣的眼神。

“我真的再过 5 分钟就写，我要按照计划表去做。”

正道躲开了妈妈的眼神。

“不就是日记吗，一天不写又如何？”

但是，妈妈根本不懂正道的想法，还不到 5 分钟就再次开始催促。

“不要拖延了，赶紧把日记写完后再玩。”

“哎呀，我都说了一会儿就去写。”

妈妈再次瞪了正道一眼后，走进房间去

睡觉了，很快就传来了妈妈打呼噜的声音。

“哎呀，妈妈真爱唠叨，我都说了一会儿就写，总是不相信自己的儿子！”

正道继续组装模型。他攒了很久的零花钱才买到了自己喜欢的模型。然后，他用了一整天的零碎时间，从8点开始组装，但一直没组装好。很快就过了12点、1点、2点、3点……

“我还要写日记，要是被妈妈知道了肯定会教训我。”

正道想着想着就睡着了。

第二天早晨，妈妈问正道：“日记写了吗？”

正道无言以对，非常后悔，早知道组装不完，就先写日记了，现在心里充满了对妈妈的歉意。

“我去学校后立即就写，我要赶紧吃完早餐，去上学！”

正道一边装腔作势，一边站了起来。他想不明白自己为什么总是把要做的事情推迟呢？明明不拖延立即做完会更好哇！

像这样即使明白也做不到的事情有很多。

正道真的可以改变吗？

Coco魔女小总结

其实，一天不写日记也不会发生什么大事。但是，很快就会养成这种“一会儿再做”的习惯。因此，不仅是写日记，在做生活中其他的事时也会经常冒出“一会儿再做”的想法。

如果习惯说“一会儿再做”，会发生什么呢？做不到的事情会越来越多。想着要一会儿再做，但是在这期间其他人就会把那件事情做了。

这个世界上有很多人，长大后也一直高喊着“一会儿再做”。这样的人和无论什么都会立即去做的人中，谁得到的机会更多一些呢？

魔法口诀

今日事今日毕

每天早晨编写日程目录

根据重要程度把当天要做的事情确定好优先顺序，编写一个目录。

把做完的事情的结果标记出来

按照目录顺序一件一件做，在做完的事情旁边用○、△、× 等符号把结果标记出来。

睡前对目录进行评价

睡觉之前确认目录，如果有没做的事要找出问题所在。

以周、月为单位回顾实践的程度

回顾一定时间内自己的实践程度，在制订或修改计划表时做参考。

今天必须做的事情！

优先顺位	必须要做的事情	细节	结果
1			
2			
3			
4			
5			
6			

今天的评价

13 写零花钱账簿的魔法

“妈妈，再给我 100 元！”

“上次给你的 500 元去哪里了？”

“还能去哪里？买了学习用品，回到学校后又拿出 50 元买了零食，剩下的……剩下的钱去哪里了呢？”

妈妈也无语了。

“不能再这样下去了。从现在开始，想让我给你零花钱，你就要写零花钱账簿，把钱的去处都记下来。”

“用完就立即告诉妈妈不行吗？”

“不要这样，你试着写一写，妈妈最近也准备写生活账簿。我们一起试试吧！”

正道一点儿都不理解让自己写零花钱账簿的妈妈。如果能收到更多的零花钱还情有可原，区区几百元，

日期
内容
收入
支出
剩余
1/4
500
1/5
零食
1/6
学习用品？
50
450
?
0
MEMO.
如果我有很多零花钱？
嗯……
模型、游戏机、游戏盘
漫画书

能用的地方很明显，为什么还要写下来？

“啊，如果我能更富有一些！”

正道觉得如果自己有更多的零花钱，就可以更开心地写零花钱账簿。

正道想象着一面墙展示模型，一面墙摆上从世界各国购买的漫画书，剩下的墙上则摆满世界各地的游戏机，只是想一想就很开心。

但是，现实是什么呢？他一周只有100元的零花钱，还要把零花钱的用处写下来。

正道希望自己的人生是一场电影，然后用16倍速度过这一瞬间，睁开眼就长大成人了。那么，他就可以尽情地花自己挣的钱。啊，现在是不会发生那么有趣的事情了吧？

大富豪就能随心所欲地花钱吗?

比尔·盖茨因为研发了计算机运行程序赚到了很多钱，成为了世界首富。同时，比尔·盖茨因为每周只给孩子们1美元的零花钱而被大众谈论。

如果除了做完分内之事，还帮助爸爸妈妈做了更多的家务活，就可以得到额外的零花钱，孩子们就会明白连这样简单的事情也需要自己想办法才能完成，就会懂得珍惜了。

如果按照比尔·盖茨的教导，明白了为了赚1美元而需要多少努力，就再也不会小瞧这1美元了。

花了30分钟擦皮鞋才赚到的1美元，真的可以拿来买一口就能吃掉的饼干吗?应该会思考怎样才能花得更有意义吧。

认真用心地管理零花钱是一件非常重要的事情。

魔法口诀

写零花钱账簿

❶花零花钱时，即使很小的金额也需要收据。遇到不发放收据的公交车、零食铺等，可以制作简易收据贴上。

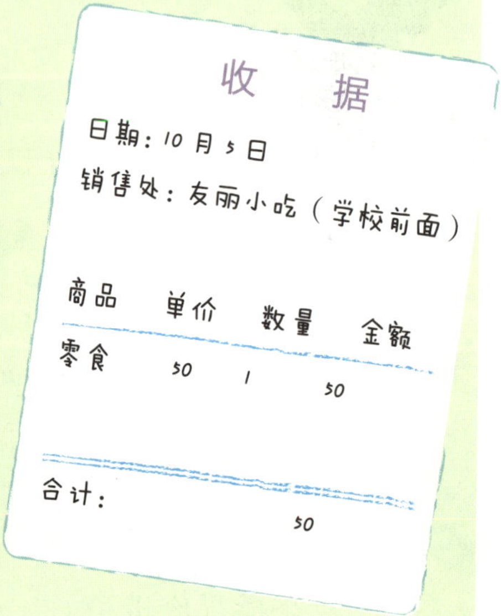
收　据

日期：10月5日

销售处：友丽小吃（学校前面）

商品	单价	数量	金额
零食	50	1	50

合计：50

❷当天的收据一定要贴在当天那一页上整理好。

❸计算当天收入和支出的钱，确认剩下的钱。

❹每周与父母回顾一次零花钱记账簿，然后进行评价。

❺零花钱的10%捐赠，再拿10%存起来。

零花钱记账簿

日期	内容	收入	支出	剩余
合计				

收据粘贴处

14 制订体验学习计划的魔法

“妈妈，我明天要跟朋友们一起去体验学习，给我200元吧。”

正道自信满满地把体验学习计划表递给了妈妈。但是，妈妈的表情有些奇怪。用食指触摸下嘴唇，是妈妈有什么不满意或者沉思时的习惯。

“这些要一天内看完？”

“是的。”

“你觉得从景福宫到纪念馆需要多长时间？”

“大约30分钟吧？”

“那么参观景福宫需要多长时间呢？”

“应该也需要30分钟吧？”

体验学习计划表
需要的费用：200元
景福宫
纪念馆
30分钟
博物馆
30分钟
南山塔
到家！

“好，那么参观纪念馆需要多久呢？”

“差不多也要30分钟。”

“那么，参观完这上面写的所有地点一共需要多长时间？”

“这上面一共有10个点，10个小时？啊，那么什么时候才能吃饭，什么时候回家？”

正道被吓了一跳。如果就这样拿着这张计划表出门，肯定参观不了几个地方，还会因为想全都参观一遍而受苦。

“那么，应该怎么办呢？”

妈妈打开了笔记本。

“不能为了多看一些而制订不合理的计划表。总不能去拍张照片就回来吧？所以，需要保障充足的参观时间，就要尽可能地缩短路上的移动时间……”

正道一下子理解了妈妈的话。于是，他重新跟妈妈制订了一个计划表。他们先从网上查找了一下值得一去的地方，然后确定了必须去的地方，并且认真计算了移动的时间。

正道给朋友们打了电话，对情况进行了说明，并给他们看了新的计划表，听了朋友们的建议后还做了修改补充。

正道躺在床上仔细想了想，制订生活计划表、学习计划表，或者今天这样的体验计划表时，最重要的应该是量力而为吧？只有根据自己的能力制订可以实践的计划，才能在实践时不会力不从心。

看到正道的计划表后，太震惊了！他竟然要在一天内参观完市内所有的景点，这根本就是不可能实现的计划。

正道只考虑了“想看的东西”和“想做的事情”，而没有制订可以把那些全都认真完成的计划。

如果正道懂得时间管理的方法，就会知道各个场所需要的最多时间和移动时的最少时间，把相同主题的地方放在一起，就可以节约时间了。

为什么要让正道亲自制订如此复杂的计划表呢？那是因为正道需要自己学会“管理时间的方法”。

魔法口诀

自己制订体验学习计划

1. 把想要体验的地方全都写下来。
2. 根据季节考虑现在可以去的场所。
3. 根据主题把相似的地方放在一起。
4. 把挨着的地区放在一起。
5. 确认门票、车费、餐费等，确定预算。
6. 制订简单的日程表。
7. 根据日程表确定各个参观场所里要做的事，为出发做准备。
8. 体验结束后，讨论是否认真实行了所有计划，然后写一份体验报告。

查找资料的魔法 | 大声背诵的魔法 | 写日记的魔法 | 不知为不知的魔法 | 早上学习 15 分钟的魔法 | 整理词汇笔记的魔法 | 有效利用课间休息 10 分钟的魔法 | 不死记硬背而是理解的魔法 | 养成积极的学习态度的魔法 | 正确了解自己的魔法

第 2 章

成为优秀学生的神奇习惯

01 查找资料的魔法

“能不能一边做一边收拾？”姥姥忍不住唠叨起来。

“那是全都需要的，写完作业后就收拾。”

正道坐在妈妈身边写作文，遇到不懂的单词就从妈妈翻开的字典中去寻找，没有好主意时，就去妈妈翻开的杂志里寻找灵感。

太神奇了！字典可以帮忙解释不懂的单词，杂志可以提供灵感。

静静在一边看着的妈妈突然问：“你在干什么？”

“我正在写一篇有关节约能源的作文，妈妈的书好像可以起到很大的帮助作用。”

听了正道的话，妈妈兴奋地说：“当然了！肯定会有帮助。书房里有很多书，你可以去找找需要的书读

守卫地球

一读。”

“你是说爸爸的那些书吗？”

“嗯，我们一起去找吧？妈妈对环境很感兴趣，所以买了很多相关的书籍。例如《守卫地球的7个神秘物品》这样的书，应该会对你有帮助。”

正道突然很激动。因为他觉得书房里的书不能随便触碰，所以从来没读过。现在他觉得自己像是变成了大人一样。

正道跟妈妈一起读了很多书，对写作起到了很大的帮助作用。他以为节约能源是为了节约钱，读了妈妈给他的书之后才明白，节约能源与环境有很深的关系，而且，还是为了让地球上的生命能够和谐相处。

这次与以往通过网络查资料写作文非常不同，正道的想法丰富了，觉得自己像变成了一个了不起的作家一样。他很想尽快把自己完成的作文拿给朋友们看，与他们一起讨论。

Coco魔女小总结

借助网络写作业，很快就可以完成。只要输入相关单词，立即就能搜索出很多内容，有时候还可以下载能够直接使用的整理好的文档。

但是，如果就这样完成作业，必须要学习的信息和知识真的可以变成我们自己的吗？不会的，虽然可以很快完成作业，却无法获取原本应该通过作业获取的知识，只是增加了网络检索的能力而已。

如果像正道一样通过读书代替可以快速完成作业的网络，会怎样呢？

首先，可以从字典中寻找不懂的单词，为了理解其中的意思又要去查询另外的单词，慢慢地就可以丰富自己的词汇量。如果这个过程不断反复，理解和解析文章的能力也会得到提升。

其次，如果能够通过词典准确理解概念，阅读各种图书、杂志、网络信息时，就可以准确地掌握其中的内容。而且，还可以对自己学习的信息进行系统性的整理，有助于更轻松地解决问题。

虽然这样做会花费很多时间，但是却可以准确地理解问题并掌握概念。当出现同一个主题的类似问题时，就可以比其他人更快地理解并解决问题。

使用现代汉语词典

查找“习惯”这个词。

❶ 查找声母 x。

❷ 加上韵母 i，查找 xi 开始的单词。

❸ 接着从二声的字中找到“习”。

❹ 用相同的方法找到后面的“惯”。

x → xi → xi guan

魔法口诀

各种各样的资料检索方法

1 利用词典

遇到不认识的单词时可以使用词典查找意思，而不是从网络获取整体信息。

2 查找各种相关图书

寻找与主题相关的各种不同领域的图书，阅读后对需要的内容进行整理。

3 寻找专家的采访或者报道

通过对专家的采访或报道等，可以获取行业内的信息。

4 直接去相关机构寻找资料

需要专业资料时，可以向相关机构寻求帮助。

02 大声背诵的魔法

“如果在 Excel 中求和，在‘=’后面加 sum，然后输入括号，下拉选中需要的单元格就可以？”

妈妈正在准备考计算机资格证。她已经在客厅里准备了很多天，奇怪的是总是出声阅读。

正道几天后也有重要的数学考试，由于妈妈总是出声读书，他的注意力根本无法集中。本来就是非常复杂的数学问题，都怪妈妈，正道只能不停地读问题。

“妈妈，您能不能小点儿声？”

“不行！这样更容易记住，妈妈背诵东西时要一边出声读一边抄，这样记忆时间也会长一些。”

正道“哼”了一声，开始“报仇”。

“英熙坐着火车去乡下，她给爷爷奶奶买了苹果作为礼物。10 元可以买多少个 3 元一个的苹果呢？”

正道大声读问题。他和妈妈就像比赛谁的声音更大一样，一起大声读题。

但是，正道产生了一种奇怪的感觉，好像比刚才只用眼睛读题时更集中了。仔细一想，背诵英语单词或者成语时，确实是小声嘟囔着背诵时更容易记住。

“难道像妈妈说的一样，出声背诵会更容易？”

后来，妈妈顺利通过了计算机资格证考试，正道也在数学考试中取得了很高的分数。正道认为可能是因为出声读题学习的结果，看来妈妈的学习方法也很适合正道。

但是，出声阅读的学习方法存在一个问题，那就是考试时无法大声读题。这时该怎么办呢？

数学

据说背诵时，出声读或者动手写会对大脑产生更多的刺激。

如果拥有听觉发达的大脑就可以选择出声的学习方法，而拥有触觉或视觉发达的大脑就可以使用边写笔记边背诵的学习方法，这样学习效果会更好。

此外，据说像数学一样需要推理的科目如果使用了视觉方法，在学习的过程中就更容易获得乐趣。

但是，像正道一样还不知道自己适合什么样的学习方法时，可以进行各种不同的尝试。背诵英语单词或者解答数学题时，可以出声读题或者把想法说出来。也可以一边写单词和问题一边背诵。

好了，让我们试着一边出声读一边写吧！

魔法口诀

提高背诵能力的方法

周期性反复

如果一开始学习了 30 分钟，那么第二天可以复习 10 分钟，一周后复习 5 分钟，通过这样的持续反复提升背诵能力。

用“五感”背诵

出声读比用眼睛看更有效，用手写比出声读更有效。

模仿老师讲课

像作报告或者讲课时一样，一边移动身体一边背诵，大脑就可以利用多种功能帮助背诵。

自问自答

通过自问自答的思考过程，一边思考一边背诵，要比死记硬背更简单，而且记忆时间会更长。

03 写日记的魔法

正道翻开日记本，却不知道应该写些什么。他想了想觉得自己最近的生活太单调无趣了。

6 点 30 分起床，洗漱，吃早饭，去洗手间，走到学校，开始上课！下课后去辅导班，回家玩一会儿，写完作业吃晚饭！学习，用储存的零碎时间组装模型，然后就到了写日记的时间了。

每天都在反复这样的日程，今天好像也不会发生稍微特别一些的事情。

“妈妈，我没什么可写的。每天都是一样的事情，而且今天什么特别的事都没发生，真的什么事都……”

“不会吧？只看餐桌也不一样呀，

昌天小学

李正道同学。

昨天是鱼糕，今天是炒虾！明天是烤茄子，后天是桃子沙拉！”

“你让我写饭桌的故事吗？”

“我只是举个例子而已，虽然有些东西看起来一模一样，仔细观察就会发现某些不一样的地方，你试着找出来。”

正道似懂非懂。

“生活一直都是反复不变的，怎样才能让日记新鲜有趣呢？”

“妈妈会用相同的茄子做不同的料理，方法就是改变‘料理方法’。”

材料是相同的，改变料理方法？正道开始想改变日记的料理方法。

“难道是要改变写作的形式吗？”

“可以这样说，这也是一个方法。”

正道重新打开日记本，深呼吸后开始回想今天一天发生的事情。然后，他决定采访一下自己，像杂志上的报道一样把今天发生的事写一写。这确实是一种与众不同的方式。过了一会儿，正道终于写下了第一句话。

“今天，为了了解小学生们忙碌的一天，我们采访了昌天小学的李正道同学。”

在抱怨“每天都是相同的事情”之前，可以试着喊“今天真的是特别的一天”。那么，这一天将会真的变成特别的一天。

给100个人看相同的森林，然后让他们拍照，所有人会拍出相同的森林吗？又或者走过常走的路时，我们每天的经历都是一模一样的吗？

我们过着相似的每一天。早晨起床，吃过早饭去上学，放学后去辅导班。回到家里，吃晚饭，写作业或者看电视，一天就这样结束了。

但是，如果仔细观察一下这相似的日常生活，就会发现即使遇到了昨天遇到的人，对话也会不一样，对我们产生的影响也不同。一切都会根据自己的想法而发生变化。

魔法口诀

用图画表现

用漫画写日记

日记并不是只能用文字来写。就像小时候画的图画日记一样，可以把今天印象最深的场景画下来，也可以用四格漫画表示。

感想也可以变成日记

看完电影或者读完书后，可以把感想写成日记的形式。可以用给主人公写信的形式，也可以把留在记忆中的场景和台词写下来。

利用俗语和成语写日记

可以利用俗语或者成语写日记。用可以描述今天发生的事情的俗语或者成语做题目，然后一步步展开。

为了给别人看而写日记

有时候会为了给朋友看而写日记。与朋友有矛盾或者有苦恼时，可以用给别人看的日记形式整理自己的想法，这样可以化解矛盾或者得到别人的建议。

3月20日　星期二　　　　天气：阳光明媚

我的外号是“哎哟喂大魔王”。

朋友们认为我总是马马虎虎的，就给我起了这样一个外号。

一开始我觉得大家是在嘲笑我，所以不喜欢这个外号。现在却因为这个外号跟朋友们更亲近了，我很开心。

04 不知为不知的魔法

老师在下课时经常会这样问："现在都懂了吧？"

同学们会大声回答："懂了，老师！"

但是，正道一直很好奇。那些回答"听懂了"的同学，真的听懂了吗？其实，正道有时候没听懂也会回答"听懂了"！因为他认为，回答"没有，我没听懂"的话，同学们肯定会很惊讶。而且，老师肯定也会觉得很郁闷。

"费力做了说明，竟然还没有理解。"

唉，所以只能回答"听懂了，老师"！

那个去找老师
问一问吧！

但是，问题就是从那个瞬间开始的。下课后又不能拿着那个问题再去找老师，回到家里问妈妈时，虽然偶然会亲切地讲解，但大部分时候都很难听到耐心的回复。

“我现在很忙，你能不能自己去找找解答方法？如果到晚上还解答不出来，再来问我。”

“你去问问老师吧，老师肯定会很耐心地给你讲解。”

正道就像乒乓球一样，被妈妈和老师推来推去。结果，经过很长时间后，还是要去老师那里获取答案。

“下次一定要坦诚地回答：‘老师，我这一部分还不懂。’”

但是，正道真的能鼓起勇气说出那样的话吗？

老师询问是否都听明白了时，必须要坦诚。因为明明不懂却回答“明白了”的瞬间，就失去了一次学习的机会。

老师根据“明白了”的回答，相信同学们充分理解了，也就不会继续说明了。即使回到家里可以问妈妈，妈妈也很难讲得比老师更清楚。

剩下的方法就是去教科书中寻找没有理解的部分，然后自学。与此相比，坦诚地说“我还有没听明白”，然后重新听老师讲一遍会更节省时间，效率也会更高。

提问时，要像“老师，我理解了这里的数字相除的部分，但是不知道什么值是什么”这样，准确地说出未能理解的部分。

好了，下面就让我们坦诚准确地提问吧！

魔法口诀

***

上课时

1. 用铅笔把上课时没能理解的部分标记出来。
2. 如果老师没有给提问的时间，下课后单独提问。
3. 具体说明没听懂的部分，然后准确地搞清楚不理解的部分。
4. 听了说明也不理解时，可以重新看一遍相关的教科书。
5. 向已经理解的同学询问，也许可以听到更简单易懂的说明。

做练习册时

1. 把不懂的问题标记出来。
2. 确认到底是没能理解问题，还是没能找出解答方法。
3. 熟悉教科书中相关的基本概念。
4. 重新解答一遍。
5. 反复 3 次也没能解决的问题，请求老师的帮助。
6. 遇到不懂的问题时，与其不经思考直接向老师询问，不如通过自己的努力试着解答，这样的过程可以学到更多的东西。

05 早上学习 15 分钟的魔法

“怎么回事儿，你怎么这么早就起床了？”

妈妈震惊不已，外面现在还黑漆漆的，看了一眼钟表才 5 点 48 分。

“我也不知道……”

真是一件让人无语的事情。正道回想了一下，从前不久开始，早晨不需要妈妈喊也能自己起床了，看来是养成了早起的习惯了。

但是，早起的正道只是坐在沙发上发呆而已。虽然正道打开电视在看新闻，但新闻的内容却根本入不了眼，也没有好胃口吃早饭。

“离上学还有 2 个小时，该做什么呢？”

하아암
word
s

窗外还一片漆黑，早早就醒了的正道不知道自己该做什么，只是不停地眨眼睛。洗漱的时候顺便洗了澡，出来后也才6点15分！书包都准备好了，衣服也准备好了，实在无事可做了。但是，也不能这么早就开始读漫画或者组装模型呀！

他呆呆地坐着看电视，电视里却只播放新闻。于是，正道又回到了房间，坐在了书桌前。就在这时，昨天没背完的单词映入眼帘。

“heritage，humorous。”

妈妈打开门看了一眼。

“这么早就开始学习了吗？”

“是的，饭做好了就喊我吧。”

看到妈妈开心的样子，正道的心情也变好了，于是背诵单词的声音也更大了。

“heritage，humorous。”

单词好像变得很容易记了。

“为什么会这么好记呢？”

正道感觉如果每天都这样学习，自己好像也能变成英语博士。

睡够了9个小时的早晨，大脑是什么状态呢？简单地说，就像家里大扫除后干干净净的状态，夜间整理干净的神经细胞正在等着接收新信息。

神经细胞有很多魔法手，这些手会根据我们什么时候跟什么人握手，来决定处理信息的速度是普通计算机的速度，还是超级计算机的速度。

现在，正道的神经细胞相信自己是超级计算机里的神经细胞，望眼欲穿地等待着信息进入。

像这样早起时，可以抽出15分钟左右背诵英语单词或汉字，也可以做几道简单的数学题，读一些书。就像做准备运动一样，简单做一做就可以。

但是，绝对不能勉强自己。如果神经细胞因为早晨的学习而感到疲惫，就无法在学校里集中精力学习。

现在开始，试着养成上学前学习15分钟的习惯吧。

魔法口诀

15 分钟活用法

早晨 15 分钟

通过读书让大脑做准备运动

★

晨读就像做准备运动一样，让大脑做好准备。

阅读新闻社论

★

通过新闻了解当天的重要事件，阅读社论后写下自己的想法。

写好今天要做的事情的目录

★

根据重要程度把今天要做的事情确定好优先顺位，做好目录。

重新复习前一天背诵的单词

★

可以重新整理一遍前一天晚上睡觉之前背诵的单词或概念，复习一下。

睡前 15 分钟

整理想法

★

可以通过阅读、写日记等方式整理自己的想法，为这一天收尾。

做需要集中注意力的事情

★

如果有必须记忆的东西，或者很难解答的问题，可以在脑海中试着解答。

评价今天要做的事情的目录

★

回顾早晨写的目录，如果有未完成的事情，找出其中的问题和应对方案。

背诵单词

★

与其做练习册，不如背诵难记的英语单词。

No.
经济用语：摘樱桃的人（cherry picker）：
领取卡片等，却不使用，只用其中的附加
服务的消费者。

06 整理词汇笔记的魔法

“摘樱桃的人的意思是？之前好像见过一次……”

正在看报纸的妈妈自言自语。

“指的是办理了卡片，却不使用，只用里面的附加服务的消费者，就像妈妈和爸爸一样。”

妈妈惊讶地瞪大了眼睛。

“你怎么会知道？”

“之前看到妈妈看报纸时写在了纸上，我也写在了这里。”

正道举起了一个蓝色的笔记本，里面写着很多经济用语。

“把词典中找到的词汇这样写下来，会更容易记住。”

妈妈的眼睛瞪得更圆了。其实这并不是什么了不起的大事，只不过是正道为了记住不懂的词汇而做了一些整理，他看到班长这么做之后跟着学的。

班长有一个记录不懂的词汇的笔记本，也有一个整理不懂的问题和错题的笔记本，所以他的书包总是很重。正道稍微效仿了一下，没想到竟然收到了意外的效果。

妈妈看了看笔记本，突然抱住了正道，什么话也没说。虽然因为好久没跟妈妈拥抱而有些尴尬，但正道心情却很好，所以也紧紧地抱住了妈妈。

“怎么了妈妈？觉得我很了不起吗？”

“是，很了不起！”

正道开心地笑着说：“我也觉得自己很了不起！”

正道骄傲地挺起了胸膛。他很开心自己能给妈妈提供帮助。

一提到“词汇笔记”，往往会想起英语单词笔记，好像要背诵的词汇只有英语单词一样。但是，并不是只有英语这一科需要词汇笔记。大部分学生考试时遇到的最大困难就是无法理解问题。

进入初中、高中，甚至进入大学后，很多学生都因为无法准确理解“概念”而解不开问题，从而无法写出叙述型的答案。因此，像正道一样制作“时事用语笔记”或者“数学概念笔记”是非常重要的，这些都属于“词汇笔记”。

根据 ABC 的顺序，把报纸上或者日常生活中好奇的词汇写下来，在多次查找的词汇上用星星做标记。如此一来，就可以知道频繁使用哪些词汇，也可以知道自己对哪些领域比较感兴趣了。

魔法口诀

词汇笔记整理法

1. 根据不同科目，按照 ABC 的顺序整理词汇本。
2. 把笔记三等分，在 1/3 的位置画线。
3. 在分开的狭窄空间里写词汇。
4. 在宽敞的空间里写上释义，在下面写例句，然后用荧光笔把词汇标记出来。
5. 用星星等把经常查找的词汇标记出来。

时事用语笔记

★★ 摘樱桃的人

指的是不吃酸葡萄，只挑樱桃吃的人。

表示不购买企业的商品和服务，

只使用附加服务的消费者。

例：站在中小企业的立场来看，需要注意的第一名的顾客就是摘樱桃的人。

07 有效利用课间休息10分钟的魔法

“你在干什么？难道是在读书？”

听了仁哲的话，同学们全都聚了过来。正道不理他们，继续认真读书。

“读什么书呀？课间休息时就要玩呀。”

听了载炯的话，大王抢走了正道的书。

“什么呀，《变身》？变形金刚吗？”

大王抢走书，看了看封面。

“是的，不过不是变形金刚，而是卡夫卡的《变身》。”

垃圾桶
饼干
卡夫卡的变身
卡夫卡的变身

大王可能觉得没意思，一下子把书扔在了书桌上。其他同学好像也不理解正道为什么不看有趣的漫画书，反而看奇怪的书，纷纷散去。

正道没受影响，继续集中精力看书，10 分钟很快就过去了。妈妈说如果正道能够读完全集，然后写出一篇读后感，就会在暑假时带他去济州岛的舅舅家玩。

正道读着读着就感受到了阅读的乐趣。他发现放假之前不可能把全集都读完，所以就在课间拿出来读。

可能是因为他在课间读书太认真了，刚开始上课就觉得头疼，根本听不进老师的话。

而且，课间为了读书忍着没有去厕所，很快就憋得难受了。正道觉得自己已经 10 岁了，实在是不好意思在上课时去厕所，只能拼命忍着。

结果，刚响起下课铃声，他就向厕所飞奔而去。

“啊，终于活过来了。”

虽然读书是一个好习惯，但是不能在休息时间太勉强自己。

为什么会有课间休息的时间呢?

休息的时间就是放松的时间。

上课时为了集中精力听课，脑细胞全都忙个不停。虽然表面看起来像是静静地在听老师讲课，其实脑细胞们相互依靠着为了铺出一条路而消耗了很多的能量。

那么，应该怎样度过10分钟的课间休息时间呢?首先解决最基本的问题，去厕所，或者喝水，也可以与朋友们说笑，缓解紧张的肌肉。

如果还剩下一些时间，可以翻开下节课要学习的内容，或者复习上节课学习的内容。每天的课间休息时间攒起来超过了1小时，绝对不能小看。

但是，绝不要忘记，课间休息时间排在第一位的是“休息”。

魔法口诀

预习、复习

5分钟复习

第一次复习，在课间休息时浏览重要的部分

从厕所回来后，只浏览老师强调的重要部分。

第二次复习，阅读教科书，仔细确认

回到家里后，阅读今天学习的教科书部分，重新仔细确认重要的部分。

出声整理

最后做整理时假装自己是教师，出声地向其他人讲解说明。

第三次复习，周末时重新确认重要的部分

复习次数越多越能提高记忆力，可以利用周末重新确认这一周学习的部分。

5 分钟预习

阅读教科书

通过阅读教科书预习就可以，重点放在提升对上课内容的好奇心上。

把注意力集中在单元名、学习目标、核心概念上

阅读教科书时可以通过单元名和学习目标来确认应该把重点放在哪里，通过核心概念掌握要学习的内容。

标记不懂的单词

用铅笔在不懂的单词下面画线标记出来，上课时可以更集中地听那个部分。

查找词典

提前在词典中查找不懂的单词，有助于理解上课内容。

08 不死记硬背而是理解的魔法

正道上的英语辅导班里，有不停地争抢全校第一名和第二名的友星和海珠。正道今天偶然见到了他们两个人，发现他们听课的样子与别人不同。

友星不时地在写些什么。海珠则不停地一边背诵单词一边做笔记，看起来像是不想错过老师的任何一句话。

“全友星，你学英语也太简单了吧？”

正道在课间休息时来到了友星身边，友星干净整洁的笔记给他留下了深刻的印象。他虽然没有写很多东西，但看起来写的全都是重要的内容。

“你没怎么做笔记呀？”

“嗯，我只写下了不懂的内容和好奇的内容。”

正道又看了看海珠的笔记。她把上课内容做了完美的整理，把老师讲课的内容原封不动地写在了笔记本上，正道心想如果哪天没能认真听课，就可以借海

remember
heritage
boy
海珠
remember(forget)
ex) please
ex)
difficulty
Space
fun pastin
HAPPY
The Search is Over!

珠的笔记看一看。

但是，正道认为学习方式还是应该借鉴友星的。因为他觉得与其像吃掉了词典一样把单词全都背下来，一字不落地把老师的讲课内容写下来，不如一边理解一边背诵，把自己听懂的内容和不懂的内容分开学习效果会更好。

可是，由于老师讲的大部分内容正道都不理解，所以就算是要像友星一样学习，最终也会像海珠一样做笔记。

真正实践时就会发现，一开始要写的东西非常多。但是，随着时间的流逝，要写的东西就会慢慢减少，慢慢地就能判断自己听懂了哪些，听不懂哪些，也就有了独属于自己的标记。

重要的内容用红色，一知半解的内容用蓝色。正道根据朋友们的学习方法，慢慢想出了自己的学习方法和记笔记的方法，这让他开心不已。

好奇怪啊！学会了整理笔记，突然觉得学习也变得有趣了。老师讲的内容很容易就能听进耳朵里，而且因为不懂的部分都做了标记，下课后还可以向老师提问。

哇，学习太有趣了！

在小学时期学习好一般可以分为两种情况：通过努力背诵考取100分的背诵型，以及通过理解考取100分的理解型。

其实，他们并没有明确的分别。理解型的第一名也有很多内容需要背诵，背诵型的第一名也有很多内容需要理解。

但是，他们的差异在10年间会一点点变大。在需要背诵的内容越来越多时，只靠背诵的能力是无法完成所有学习的。

那么，谁会超前呢？虽然无法断言，但应该是理解型的第一名会更有优势。知识都有一定的模式，理解了那些模式后，数学的任何问题都能解答，背诵单词的速度也会更快。

虽然一开始理解某些内容需要花费很长时间，但是随着理解的东西越来越多，就可以更准确地理解更多的内容，即使不背诵也能记住。

例如，如果理解了科学中介绍的昆虫分为头、胸、腹三部分，有六条腿、一对翅膀等内容，即使不用单独背诵蚂蚁是否属于昆虫，蜘蛛是否属于昆虫，也可以根据各个对象的特征进行区分。

但是，为了更好地理解，也需要背诵一些基础的内容。例如，数学公式、科学中的基本单位等，这些都是为了理解更多内容而需要付出努力和时间去背诵的。

背诵的这些内容可以让理解的内容更丰富，起着把各种信息连接起来的桥梁作用。

魔法口诀

提升理解力的 5 大原则

1 充满自信

丢掉记不住、无法理解的执念再开始。

2 边想象边学习会产生兴趣，背诵就会更简单

可以通过画画，或者想象角色、情景等对难懂的内容进行整理，这样会更容易理解和背诵。

3 利用思维导图把多种信息组合在一起

通过思维导图找出相似或相反的内容，对概念进行整理。

4 简短多次反复阅读

多次反复、联想、想象，通过这个过程理解未能理解的部分。

5 理解记住后一定要让大脑休息

背诵结束后睡两个小时，记忆的量会比不睡觉时多两倍。

倾听
帮助
等待

09 养成积极的学习态度的魔法

老师一边写数学题的解答过程一边对大家说："好了，大家把问题和老师的解答过程都写在笔记本上。"

正道按照老师的要求，把黑板上的问题和解答过程原封不动地抄在了笔记本上。大家都在认真地做笔记时，海成小心翼翼地举起了手。

"老师，不能用其他方式解答吗？"

"当然可以了，海成想怎样解答呢？"

老师慢慢走到了海成身边，海成给老师看了自己的解答过程。

"要是错了肯定很丢脸，他为什么要这样做呀？"

正道都觉得有些紧张。老师突然笑着说："海成能不能给其他同学讲一讲呢？"

海成犹豫了一会儿，但还是勇敢地走到黑板前，把自己的解答过程写了下来。同学们震惊不已。

因为海成平时并不是一个很显眼的学生。

正道觉得海成的解答方法并不是很惊人，只要稍微思考一下，自己也能想出来。他静静地看着那个解答方法。

“我也能想出那种解答方法……”

在回家的路上，正道明白了自己不只是没有像海成一样举手，而是根本就没有像海成一样去思考其他的解答方法。

老师在黑板上写解答方法时，正道一边写在笔记本上一边想“这个问题的解答方法只有一种”。想到这里，他突然觉得有些丢脸。

“我绝对无法像海成一样做。”

如果没有今天海成的勇敢行动，正道可能还一直停留在老师的答案就是唯一答案的错误想法中。他对海成充满了感激。

“谢谢你，海成！”

海成和正道最大的区别是什么？海成看到老师的问题和解答方法后，会主动思考其他的解答方法。

海成在思考其他解答方法时，正道在想什么呢？正道在想要尽快地把老师的解答方法写下来，然后听老师讲解。即，海成非常积极主动地上课，而正道则是消极被动地上课。

大部分的学生都跟正道一样，总是消极被动地上课。所以，即使上同样的课，上课的质量也会因为态度的不同而不同。

那么，积极主动的态度是什么样的呢？那就是懂得提出疑问。因此，据说墨西哥医学院为了提升学生们的学习质量和思考能力，会像下面这样向学生询问。

“那么，这种时候什么样的解决方法比较好呢？”

如此一来，学生们就会给出各种不同的意见。听了学生们的意见后，老师们并不会直接说“你的是正确答案，你的答案不对”。

“那个选择的结果是什么？那么接下来的治疗呢？问题点在哪里？”

这样追加提问，让学生们继续给出其他的意见，一起讨论整个解决过程。

即，上课时，即使没有人问，即使老师说那就是正确答案，也不要被动地接受，要想一想是不是还有其他答案。

不应该觉得“这就是正确答案，没有其他答案”，而应该学会问“其他答案呢？还有其他想法吗？有其他方法吗？有其他选择吗？”

魔法口诀

什么是主动的学习态度?

- 坐在前排与老师对视。
- 积极回答老师的提问。
- 听了老师的说明后，如果理解了，可以用简短的句子概括学习内容。
- 不要因为没理解就放弃，可以标记出来，然后向老师提问。
- 想一想其他的例子。
- 做笔记时，用便于查看的方式把自己理解的内容写下来。

10 正确了解自己的魔法

“李正道，请走上前！”

老师喊了正道的名字。暑假期间，正道利用土地过滤污染物的原理，制作了自然净化水槽，没想到获奖了。

“科学发明大赛大奖，李正道！”

正道的心怦怦直跳。领到奖后，正道像飞起来一样，高兴地跑回了家，连公交车都没坐。他急匆匆进入家里后，立即大喊妈妈。

“妈妈，你快来看！”

正道非常骄傲。升入三年级后，妈妈一直对正道的学习充满了担心。妈妈好像一直在为正道担心“能适应学校生活吗？学习能学好吗？能与朋友们友好相处吗？”妈妈无时无刻不在考虑怎样才能让孩子把一切都做好。

虽然正道每当看到妈妈的那个样子时都会有些生气，但是也下定了决心“我会更加努力”。

其实，刚升入三年级时，正道因为没能养成按时起床的习惯，度过了很长一段难挨的时光。但是，现在他已经可以早早起床，实践15分钟学习法，认真听课，休息时间充分休息，也懂得分时间写作业、预习、复习。

而且，到了晚上还会按时写日记，收拾书包，整理明天要穿的衣服，带着对第二天的期待入睡。

“明天肯定会发生美好的事情。”

现在，正道可以充满自信地做所有事情。那些小小的习惯改变了正道。

正道对妈妈说：“妈妈，现在我可以独自学习了，好像可以不用去数学辅导班了。”

因为正道觉得现在应该有独自学习的时间了，现在不管什么事，他都觉得是“小菜一碟”，可以愉快地去完成了。

奖状
三年级
李正道……
2020年
昌天小学
阳光医院
优秀辅导班
明成辅导班
道恩公寓
203
感觉练歌房
道恩公寓
202

听到正道说不需要辅导班的帮助也可以学习后，是不是很震惊？那些认真去辅导班上课的孩子们可能无法理解这个情况。

但是，可以认真地去读一读前面正道发生的故事。原本不懂独自做事情的正道，改变了一些生活的小习惯，慢慢地拥有了可以好好学习的能力，对学习产生了兴趣。

乍一看，可能会觉得早起的习惯、吃早饭的习惯、运动的习惯、整理的习惯等并不是什么了不起的习惯。

但是，正是这些看似小小的习惯可以让一个人变得完全不同。在一年的时间里，正道就像是变了一个人一样。我们从正道的故事学到了什么？那就是必须正视自己，了解自己。

好了，下面就让我们闭上眼睛，了解一下自己吧。

魔法口诀

分析自己！

观察读过的书

看一看什么领域的书读得比较多，就可以知道自己关心的领域。

观察日记

通过日记可以知道自己觉得什么事情有趣，喜欢什么。

倾听他人的想法

让周围的人用一句话描述自己，就可以了解自己不知道的新模样。

把好习惯和坏习惯写下来

因为自己评价，需要努力丢掉坏习惯，养成好习惯。

分别写 5 个想做的事情和擅长的事情

整理一下自己擅长的事情和喜欢的事情后，很容易就能找到自己前进的方向。

版权登记号：01-2020-5058

图书在版编目（CIP）数据

我的生活习惯没问题！ /（韩）李贤晶著；（韩）千弼联绘；千太阳译 . —北京：现代出版社，2020.9

（小学生好习惯系列）

ISBN 978-7-5143-8805-3

Ⅰ. ①我… Ⅱ. ①李… ②千… ③千… Ⅲ. ①小学生—生活—习惯性—能力培养 Ⅳ. ① G625.5

中国版本图书馆 CIP 数据核字（2020）第 142221 号

小学生好习惯系列

我的生活习惯没问题！

作　　者　［韩］李贤晶 / 著　［韩］千弼联 / 绘
译　　者　千太阳
责任编辑　李　昂
出版发行　现代出版社
通讯地址　北京市安定门外安华里 504 号
邮政编码　100011
电　　话　010-64267325　64245264（传真）
网　　址　www.1980xd.com
电子邮箱　xiandai@vip.sina.com
印　　刷　北京瑞禾彩色印刷有限公司
开　　本　710mm × 1000mm　1/16
印　　张　10
版　　次　2020 年 9 月第 1 版　2020 年 9 月第 1 次印刷
书　　号　ISBN 978-7-5143-8805-3
定　　价　30.00 元